PLANETA ANIMAL
EL COLIBRÍ

POR KATE RIGGS

CREATIVE EDUCATION • CREATIVE PAPERBACKS

Publicado por Creative Education
y Creative Paperbacks
P.O. Box 227, Mankato, Minnesota 56002
Creative Education y Creative Paperbacks son marcas
editoriales de The Creative Company
www.thecreativecompany.us

Diseño de The Design Lab
Producción de Chelsey Luther and Rachel Klimpel
Editado de Alissa Thielges
Dirección de arte de Rita Marshall
Traducción de TRAVOD, www.travod.com

Fotografías de Alamy (Stephen Brown), Getty (Alexandra
Rudge, Juan Carlos Vindas, Susan Gary, Tier und
Naturfotografie), iStock (Damocean), Pixabay (Daniel
Roberts), Science Photo Library (Dr P. Marazzi),
Shutterstock (BraulioLC, Martin Pelanek, Martina
Birnbaum, Pedro Bernardo, Wang LiQiang), SuperStock
(Minden Pictures, Radius)

Copyright © 2023 Creative Education,
Creative Paperbacks
Todos los derechos internacionales reservados en todos los
países. Prohibida la reproducción total o parcial de este
libro por cualquier método sin el permiso por escrito de la
editorial.

Library of Congress Cataloging-in-Publication Data
Names: Riggs, Kate, author.
Title: El colibrí / by Kate Riggs.
Other titles: Hummingbirds. Spanish
Description: Mankato, Minnesota: Creative Education and
Creative Paperbacks, [2023] | Series: Planeta animal |
Includes index. | Audience: Ages 6–9 | Audience: Grades
2–3
Identifiers: LCCN 2021061064 (print) | LCCN
2021061065 (ebook) | ISBN 9781640266735 (library
binding) | ISBN 9781682772294 (paperback) | ISBN
9781640008144 (ebook)
Subjects: LCSH: Hummingbirds—Juvenile literature.
Classification: LCC QL696.A558 R54518 2023 (print) |
DDC 598.7/64–dc23/eng/20211223
LC record available at https://lccn.loc.gov/2021061064
LC ebook record available at https://lccn.loc.
gov/2021061065

Tabla de contenidos

El colibrí es una de las aves más pequeñas del mundo. ¡Hay más de 300 tipos de colibríes! Muchos colibríes viven en Sudamérica. Aunque algunos también viven en Norteamérica y Centroamérica.

A los colibríes les gusta alimentarse de flores brillantes.

Los colibríes tienen aproximadamente 1.000 plumas en su cuerpo.

LOS colibríes tienen plumas coloridas. Tienen un **pico** largo y puntiagudo. Los colibríes vuelan tan rápido que sus alas suenan como un zumbido. De allí proviene su nombre en inglés.

pico la parte de la boca de las aves que sobresale de su cara

El colibrí abejorro (arriba) es el ave más pequeña. ¡Pesa menos que un penique! Incluso los colibríes grandes pesan poco. El colibrí gigante es el colibrí más grande. Pesa casi lo mismo que seis hojas de papel.

El colibrí gigante vive en la parte oeste de Sudamérica.

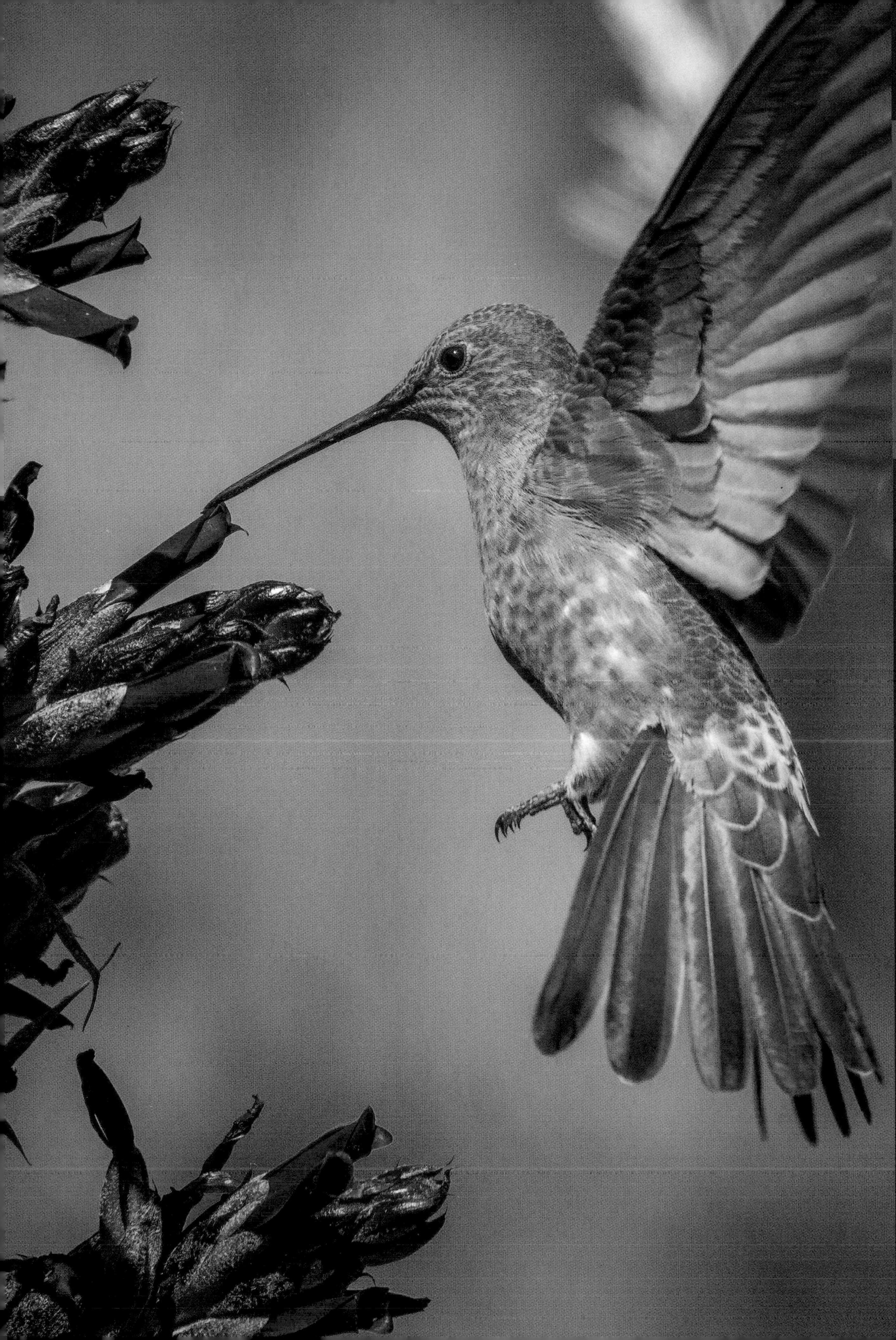

*El colibrí insigne
vive en los bosques
de Costa Rica.*

La mayoría de los colibríes vive en las partes más cálidas del continente americano. Muchos colibríes de Norteamérica **migran** hacia el sur en el invierno. Ellos van a donde puedan encontrar la mayor comida.

migrar cambiarse de un lugar a otro para buscar comida y calor

Un colibrí come entre cinco y ocho veces por hora.

Los colibríes comen insectos y alimento de las flores. El **néctar** hecho por las flores es dulce. Los colibríes necesitan comer mucho néctar azucarado. Un colibrí usa su pico curvo y lengua larga para alcanzar el néctar dentro de la flor.

néctar líquido dulce y azucarado que hacen las flores

El huevo de un colibrí mide menos de 0,5 pulgadas (1,3 cm) de largo.

La colibrí hembra construye su nido antes de poner dos o tres huevos. Ella mantiene el calor de los huevos hasta que **eclosionan**. Los colibríes bebés comen la comida que su madre les trae. Los **polluelos** abandonan el nido cuando tienen aproximadamente un mes de edad.

eclosionar romperse para abrirse

polluelo colibrí bebé

Muchos colibríes viven aproximadamente entre cuatro y seis años. Las serpientes y las aves grandes llamadas cernícalos tratan de atrapar y comerse a los colibríes. Los colibríes viven cerca de otros colibríes. Pero no viven juntos en familias.

Los colibríes se deslizan hacia los lados, pero no pueden saltar ni caminar.

Un colibrí bate sus alas 50 a 200 veces por segundo.

Los colibríes comen y vuelan todo el día. Estas son las únicas aves que pueden volar en cualquier dirección. Vuelan hacia arriba, hacia abajo, hacia delante y hacia atrás. ¡Incluso pueden **cernerse**! Los colibríes comen mucho a fin de tener combustible para su vuelo rápido.

cernerse permanecer en el aire, en un mismo lugar

Aveces, se puede ver a los colibríes en comederos especiales para aves. La gente puede preparar agua azucarada que le gusta a los colibríes. ¡Es divertido observar a estas aves coloridas lanzarse alrededor!

Algunos comederos tienen partes donde las aves pueden posarse mientras beben.

Un cuento del colibrí

En México, la gente cuenta una historia sobre cómo los colibríes llegaron a tener sus hermosas plumas. El colibrí antes era liso y gris. Pero era alegre y le gustaba ayudar. Tenía amistad con muchas aves. Sus amistades le regalaron algunas de sus plumas coloridas para que se hiciera un vestido de bodas. Al colibrí le encantó tanto el vestido que se lo dejó puesto para siempre. El colibrí sigue siendo una de las aves más hermosas.

Índice